Für Dich

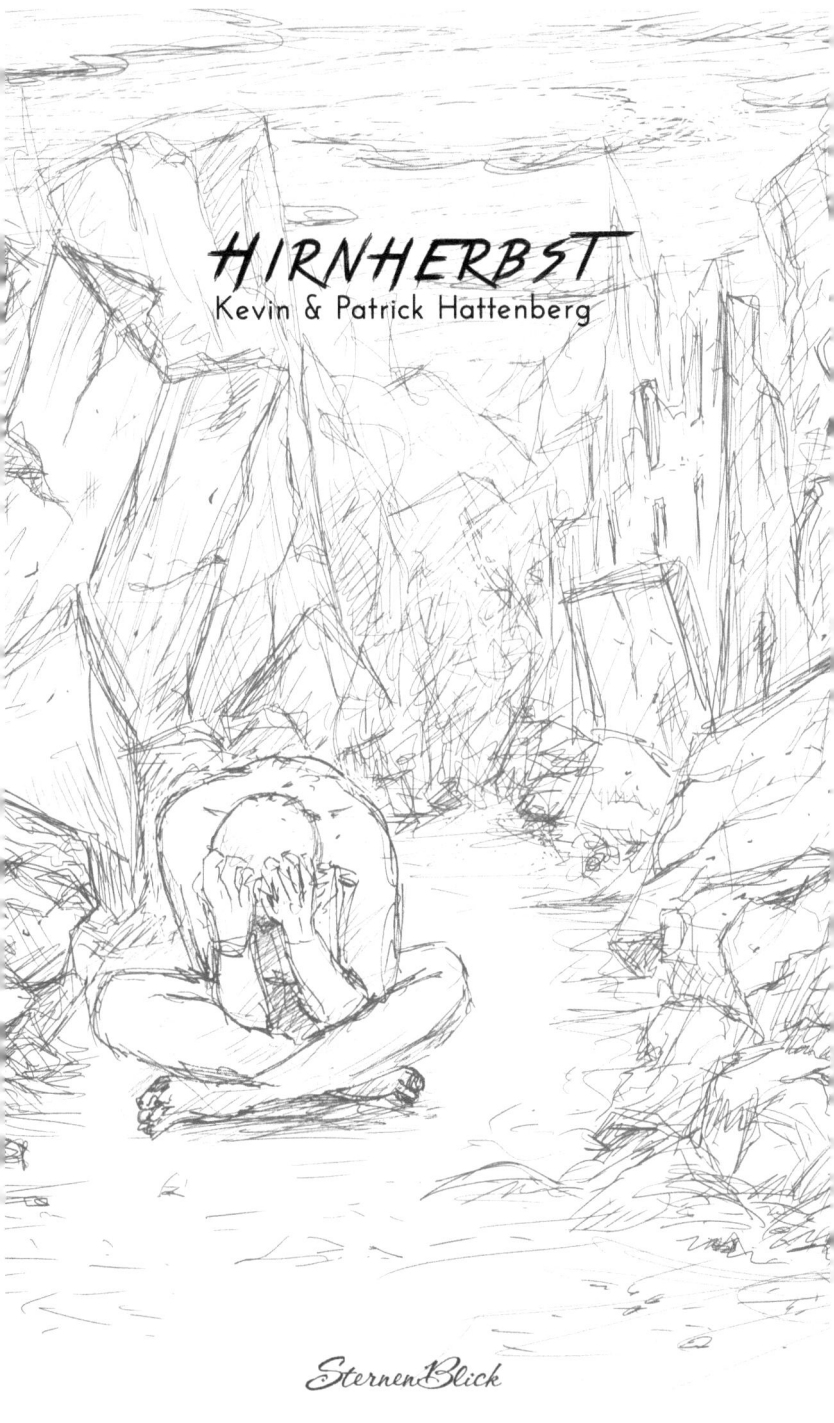

Bibliografische Information der Deutschen Nationalbibliothek:
Die Deutsche Nationalbibliothek verzeichnet diese Publikation in der Deutschen Nationalbibliografie; detaillierte bibliografische Daten sind im Internet über http://dnb.d-nb.de abrufbar.

Impressum

Copyright © 2015

Herausgegeben von SternenBlick
www.sternenblick.org
Kontakt: sternenblick.org@web.de

Autoren: Patrick & Kevin Hattenberg
hattenbergpatrick@web.de
kevinhattenberg@web.de

Illustrationen: ©Alexander Maul
Kontakt: alexander-maul@freenet.de
Autorenfoto (S. 111): ©Tom Ehrhart Fotografie
Kontakt: www.t-ehrhart.de
Coverbild: ©stocklady - fotolia.com
Buch- & Covergestaltung: Stephanie Mattner
Kontakt: stephaniemattner@web.de

Herstellung und Verlag:
BoD - Books on Demand, Norderstedt

ISBN: 9783734711558

Vorwort

Der Mensch krankt an sich selbst – an seiner Geltungssucht, an seinem Egoismus, an seiner Gefühlskälte. Die Leere droht ihn zu zerbrechen. Er krankt am eigenen Dasein mit sich und der Welt, weil er dieser zugehörig, aber nicht mit ihr verbunden scheint.

Kevin und Patrick Hattenberg gelingt hier ein Portrait des Menschen unserer Zeit zu zeichnen, das an Wahrheit kaum auszuhalten ist. Was ist ein Mensch? Wie definiert sich dieser Mensch im Spannungsfeld zwischen seinem Selbst und der Gesellschaft? Wo ist das „Ich" im Wir und wo bleibt das „Wir" im Ich?

Komm mit in eine Therapiestunde, die es so nie gab. Dieser Heilungsprozess geht an die Ursachen einer gesellschaftlichen Krankheit, von der wir alle im Stande sind uns zu befreien.

Stephanie Mattner
Herausgeberin

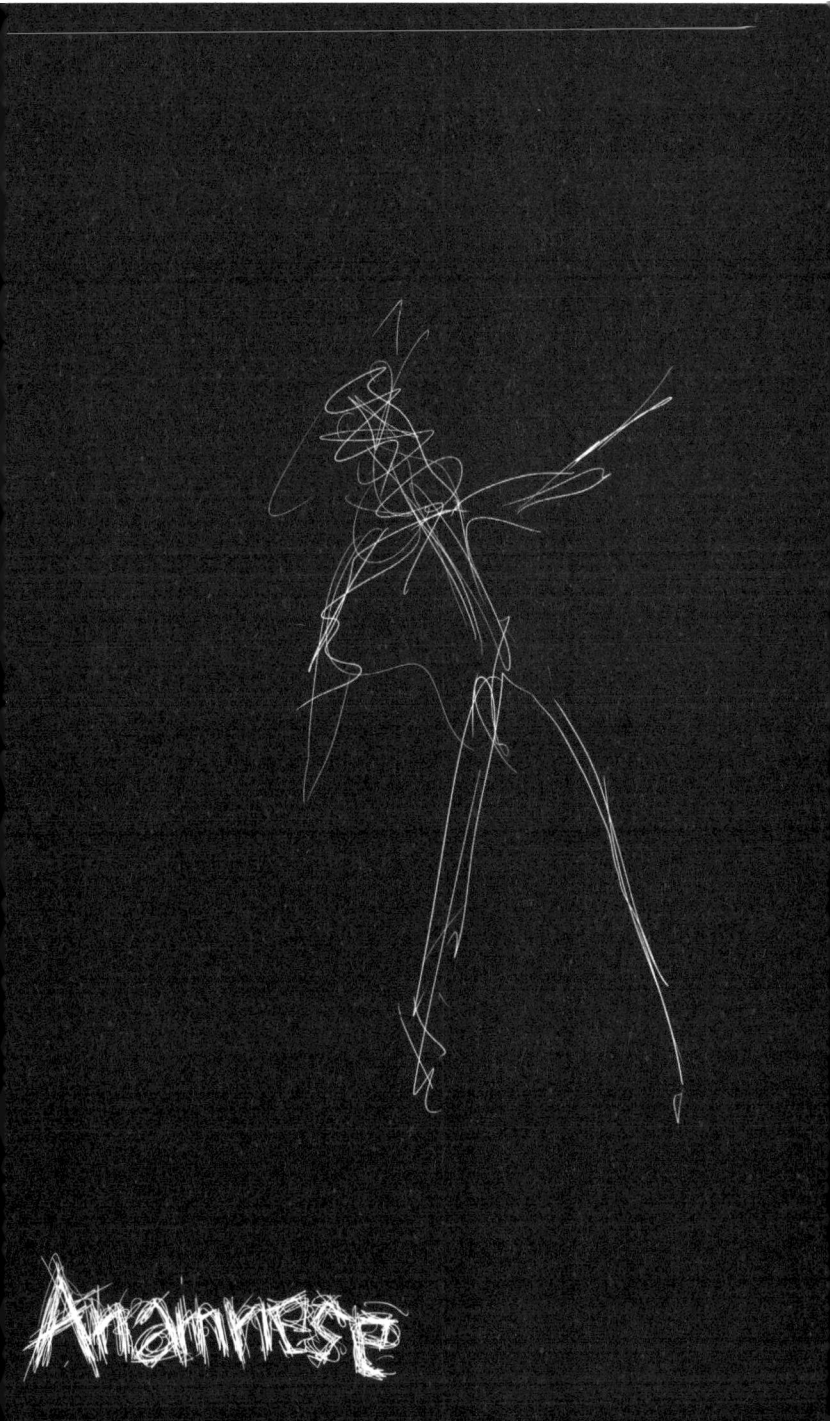

absolut. nicht. relativ.
stillstehend. brustentleert.
stein. für. stein.
eine. mauer.
aus. stein. gemeißelt.
harte. schale. gar. kein. kern.
endlich. alleine.
unendlich. alleine.
kalt. bei. aller. wärme.

Ich. fühle. gefühllosigkeit.
Ich. spüre. mein. herz. nicht.
Ich. bemerke. keinen. puls.
Ich. empfinde. nur. taubheit.
Ich. überhöre. meine. stimme.
Ich. überhöre. eure. stimmen.
Ich. kämpfe. gegen. mich. gegen. euch.
Ich. brauche. euch. denn.
Ich. brauche. euch. nicht.

Einweisung

warten im Park
ich sitze
auf einer Bank
voller eingeritzter Versprechen
keines ist für mich
mit 80 Schlägen
Stillstand
pro Minute rast
mein Herz
davon
auf einem Weg
der wegläuft
da ist irgendwie
ein Nichts
das irgendwann
ein Irgendwas
sein will
so wie Quellwolken die
verschwinden wenn
die Sonne strahlt mit
neuen Versprechen
sie scheinen nicht für mich
zu sein
sitzen im Park
ich warte

alles luftleer   Raumzeiteinsamkeit
                  ein Kontinuum
ich   Vakuum   kontinuierlicher
                         Kontinuität

nicht kann nur
mehr   schweben
                                    zu
   atmen   Eis
   leben

                                erstarrt
                        ich
      dunkle   fühle
   umgibt mich
  Materie   -273   nicht
                                   mehr

                          eine
     und   Berührung
           in   und
             mir
       ist   ich
       Schwere nicht losigkeit   zerspringe in
                               tausend
  alles
  luftleer   T
                es   e
       bleibt   i
                    n u   r
                  e i   l
                     n   e
       schwarz
              e   Loch
                s

„Lächle doch mal wieder,
draußen scheint doch die Sonne."
Sie blendet sogar.
Alles zieht an mir vorbei,
wie die Wolken.
Zum Strahlen brauch' ich
keine Sonne.
Niemanden.
Der ganze Sonnenschein
hat dir etwas ins Gesicht gebrannt.
Ein Grinsen.

Sommer(w)ende

Dein Tick. Mein Tack. Vom gleichen Schlag!?
Im Zweierzeigerzickzack dreht
der vierundzwanzig/sieben Tag
mich uhrenwärts und umgekehrt.

Das Pendel uhrt Vergangenheit
und jede Zukunft hin und her,
Ich will kein Zahnrad, nur die Zeit,
die wenig ist und dennoch mehr.

Aus jetzt wird jetzt und danach jetzt.
Uhrzeiger rennen wild gehetzt.
Sie werden nicht zurückgesetzt.

Bleib(t) stehen! Lass uns zeitlos ticken,
lass uns nicht mehr auf Uhren blicken,
nicht mehr das Jetzt ins Damals schicken.

Zeit. Irgendwann. Du

Schöne moderne Welt

Ich
~~Du~~
~~Er~~
~~Sie~~
Es
~~Wir~~
~~Ihr~~
~~Sie~~

Milchglasspiegel

Oh Spieglein, Spieglein an der Wand,
sag, Spieglein, hast Du mich erkannt?
Bin ich für Dich denn unbekannt?

Oh Spieglein, Spieglein siehst Du nicht
mein wunderschönes Angesicht?
Und sieh, dass es wie Glas zerbricht,

wenn Du mich - Spieglein - ignorierst.
Wenn Du mich nicht mehr akzeptierst
und mich aus Deinem Blick verlierst.

mehr Belichtung bitte
der Sucher sucht noch nach Motiven
im Objektiv wird subjektiv selektiv photografiert
ich stell' den Kontrast nochmal ein
wenig höher
zwanzig Millionen Pixel pictures
jagen das perfekte Photophantom
das im Sucher gefunden wird
schieb mal 'ne neue Speicherkarte rein
mehr Auflösung löst Probleme
die Farbsättigung sättigt mich noch nicht
Licht Kamera Aktion
das Blitzlichtgewitter donnert
wie schallender Applaus

[Auto]fokus

Eine Frage ohne Antwort:
Flimmern. Wispern. Knistern. Unrast.
Durch die Sinne ins Gehirn
fließt der unbestimmte Unrat.
Blicke blicken, Ohren lauschen
dem verheißungsvollen Rauschen.

Nichts am Anfang. Nichts am Ende.
Dennoch findet man ein Muster.
Eine Antwort ohne Frage:
Aus dem Nichts wird unbewusst mehr.
Blicke picken, Ohren bauschen
das verhängnisvolle Rauschen.

Rauschen

Zerfall

Alles was ich fasse, das zerfällt
in eintausend Scherben. Wille will nicht
wollen. Farblos färbend wird entstellt,
was einst farbenfroh in meiner Ansicht.

Alles was ich fasse wird zu Staub.
Unter meiner Hände Griff zerfallen
Wünsche, Willen gegenüber taub,
wenn die Träume auf das Wahre prallen.

Ohnmacht. Taubheit. Was kann mich
heilen? Was ich fasse, wird zu Asche,
seit der Zweifel in mein Herz sich schlich.
Panik. Trauer. Leere. Schmerzen. Schwäche.

Langsam wandle ich mich selbst in die
Asche, in den Staub und in die Scherben.
Sterbe ich nicht bettelnd auf den Knien,
werde ich an Herzensleere sterben.

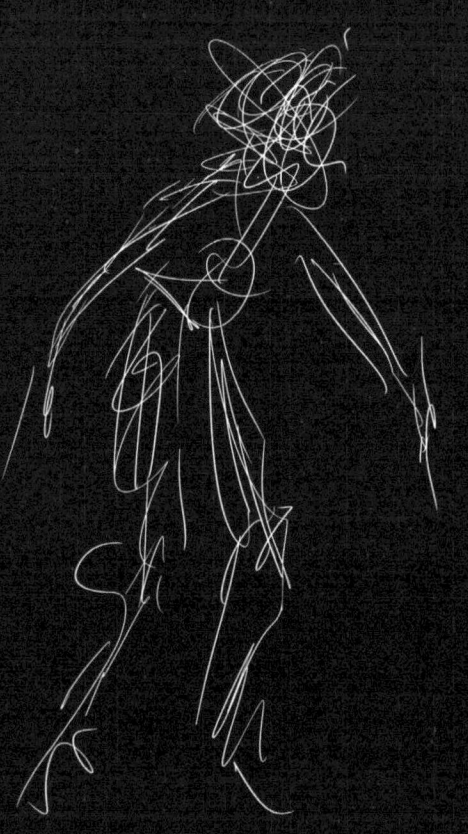

Day-Break

Tag ein und Tag aus
Tag AN nicht Tag AUS
ein Knopfdruck und
das wird schon
schnell hell
wir möchten es immer
nur schön
hell beleuchtet

ein Knopfdruck und
Photonen Illusionen
Schwarz-Weiß-Stigmata
wir möchten es immer
nur einfach und klar
doch wir werfen einen Schatten
der uns überall hin folgt

ein Knopfdruck und
die Augen sind geblendet
sehen den Schatten nicht mehr
wir möchten es immer
wieder

ein Knopfdruck und
noch ein Knopfdruck
die Batterie ist leer und
die Sicherungen brennen durch
AN AUS AN AUS AN

AUS

Ich verlaufe mich. Fixiert.
Kalte Mauern. Aufgebaut.
Eingepfercht. Mein Herz erfriert.
Atemnot in meiner Haut.

Immer tiefer. Tiefer rein.
Keine Wege führen raus.
Weiter. In den wirren Hain.
Blind. Und nur noch geradeaus.

Sinken. In den Hass hinab.
Tiefer. In das Labyrinth.
Hassen. Mein Verstand versagt.
Abscheu. Keine Richtung stimmt.

Irrgarten

Vielleicht
                        Irgendwann
          Es wird sich ändern

                                    nicht mehr lang
                  Aber Ich liebe dich
        Bald   Entschuldigung
                      etwas noch
es war keine Absicht
                  Bleib doch bitte
     Warum tust du das

                            Ich versuche doch
      Ich bemühe mich
   Das tut weh   wieso   es wird rot gesehen
 Bloß weg hier   Hilfe   bitte nicht
  Viel zu kurz   Schrei   Es wird kein Ende nehmen
Wie lange noch   **In Kinderturnen**   Warum
 Bitte   erwachsen werden   immer wieder
nicht nochmal   nichts ist richtig
     hör auf   Was kann ich tun   diesmal nicht
Ich weiß nicht   Nicht so doll

    Weiter   halte es nicht aus
       Es geht nicht
immer weiter
          es verfolgt mich
                     zu lange
  Wieso hast du das getan

        Nichts hat sich geändert
               Zu spät
                  Nie Irgendwann
                          Kein Vielleicht

Es wird mir endlos eng in meiner Haut,
ich fühl mich eingezwängt. Hinfortgedrungen.
Bis zu dem Hals wird Wasser aufgestaut.
Ich sinke ohne Luft in meinen Lungen.

Der Regen peitscht mit lautem Donnerschlag.
Der Ozean verwehrt mit wilden Wellen,
mich treibend bis zum letzten Lebenstag,
mir alle meine Luft- und Atemquellen.

Die Lungenflügel leer, kein Atem mehr,
das Wasser will mich in die Knie zwingen.
Ich sinke tiefer. Ohne Wiederkehr.
Und kämpfe wild, nicht ganz zum Grund zu sinken.

In Panik... Arm vor Arm und ich versink
im Abgrund, ganz egal wie viel ich schwimme.
Ich lasse mich und alles los. Ertrink
im Sturm. Doch meinen Atem halte ich.   Für immer!

Atemnot

Insert [ ] To Continue

Unruhige Finger. Einwurf. Leben x1.
Nun fängt der Spaß erst an! Adrenalinschweiß
perlt joystickdick auf alle Highscorebringer.
Geskillten Spielern winkt der Dopaminpreis!

Es flimmert. Auf Bildschirmen. In Gehirnen.
Transistor wird Synapse. Noob wird Star.
Realität verschwimmt. Sie ist ein Greenscreen.
Den Background wählen Psychotropika.

Press Start to Play: „Der Trip des Einwurfhelden".
Der Levelaufstieg für den letzten Endboss:
Sich selbst. Raus aus dem Ladebalkenleben.
Beim Abspann fühlt der Held sich im Moment groß.

Unruhig bleiben Finger. Einwurf. Nochmal.
Das Rauschgiftglückeinwerfen macht den Spieler
des Lebens aus. Nun fängt der Spaß erst an!
Geknackte High Score. Leben x0. Game Over.

Tausend Wörter. Tausend Sätze.
Keinen Sinn.
Sinnentleert. Im Kopf.
Gründe sind verstrickt wie Spinnennetze.
Du bleibst dran kleben.
Glaubst dran.
Argumente werden Selbstbelügungen.
Es sind bewusste Unwahrheiten.
Du machst sie wahr.
Glaubst dran.
Taub. Stumm. Blind.
Keinen Sinn.
Sinnverzerrt. Im Kopf.
Selbst, aber nicht erfüllend.
Du machst die Prophezeiung wahr.
Glaubst dran.
Schritte tappen im Dunkeln.
Du findest den erstbesten Ausgang.
Willst ihn finden.
Und glaubst dran.
Ohne Sinn.
Die Spinne hat dich.
Im Netz.
Gefangen.

Sinnennetz

Schablone

man lege die Schablone auf
und zeichne die Konturen
dabei folge man stets
der Anleitung
der Rest ist nur
Schattierung und Radierung
Figur-Grund Segmentierung
eine Silhouette der Figur
ohne Korrektur
ein Bleikonterfei
irgendwo zwischen
schwarz und weiß
nur ein Abbild
der Graupause
der Schablone

man lege die Schablone auf
und sie
passt
fast
je nach und
zu jedem
Motiv

So genau
sieht niemand aus
doch so genau
sieht niemand hin

Die nicht mehr weißen Kittel halten
in ihrer Hand sein Reagenzglas.
Der Kunstmensch soll geschaffen werden!
Ein fremder Zweck gibt ihnen das
benötigte Material:

Sie gießen in die Plastikhaut
die Ichsucht und den Drang, gesehen
zu werden, aber nicht zu sehen,
stets über anderen zu stehen.
Und die Illusion der eignen Wahl. . .

Er lebt! Er strebt! Nach ihrem Plan. . .
. . .zur Produktivität geboren. . .
. . .erzogen für den Arbeitswahn. . .
. . .zur großen Lüge auserkoren. . .
. . .ein Mensch, nicht menschlich. . . doch normal. . .

Homunkulus

hinter Strichcodegittern
für unser tägliches „nicht genug"
werden wir
Parametermenschen
standardisiert
gebunden an die Eti-
Ketten am vermessenen Körper
keine Schlüssel öffnen uns
die (grauen)
Zellen aus Tabellen
Kennwert wird Nennwert
uns haben unsere
Daten verraten

in unseren Faktentrakten
bleiben wir
bis zur Hin- und Abrichtung
am Strickcode
gefangen

lauf Strichcodemännchen lauf
du Henker und Gehängter
aus dem Optimumpanopticon
gibt es kein
Entkommen

Es kreuzen sich die leeren Blicke auf
dem Weg der Seelenlosen durch die Gänge.
Die Münder stumm und ihre Ohren taub.
Verstoßen. Einsam. Nur die Herzensenge.

Komplett vom Leid ummauert ist der Geist.
Sie alle wollen brennen, keiner zünden.
Das Krankenbett erschwert den ersten Schritt,
die Geister eines andren zu ergründen.

Die Nachbarzimmer bleiben ungehört.
Sie schreien, doch die kargen Zimmermauern
sind Schutz. Hier wird man stumm. Hier wird man taub.
Erst stehen, danach hocken. Danach kauern.

Sie nähen langsam sich die Augen zu,
damit Erwartungen sie nicht mehr quälen.
Isolation des Kopfes ist erlangt,
in dem Hospiz vereinsamender Seelen.

Seelenhospiz

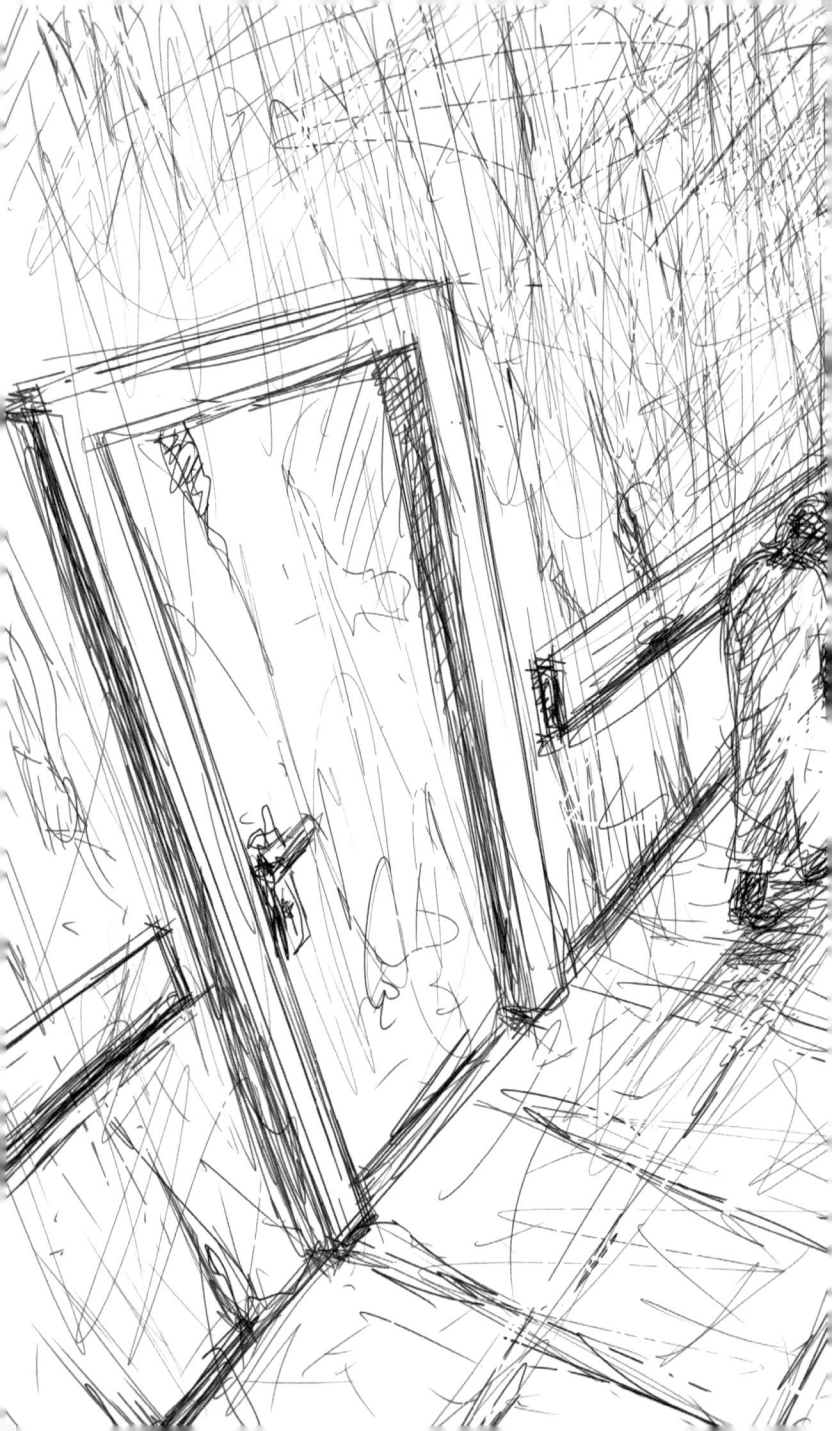

Behandlung
Teil 1

Lauwarmer Wind. Ein Sonnenuntergang
entleert die Geister. Gelbe Blätter wehen
zum Gruß mit stillem Röcheln. Stundenlang
im Park. Nur warten, bleiben. Niemals gehen.

Der allerletzte Sonnenstrahl. Er scheint
vorbei am Herz. Verliert sich in den Bäumen.
In Reihe stehen alle stumm vereint.
Zum Schutz vor dem, was kommt. Sie Schreien. Staunen.

Geräusche. Leise Schritte werden laut.
Ein Knistern, Knacken. Brechen. So viel Trauer.
Laubhaufen. Viele Tränen. Aufgestaut.
Verschlossen. Innerhalb der Anstaltsmauer.

Eiskalter Wind. Der Sonnenuntergang
ist fortgegangen. Rote Blätter flehen
zum Abschied. Weinen will ich stundenlang
im Park. Nur warten, bleiben. Niemals gehen.

Anstaltspark

Metastasen

ICH

ICH
ICH
ICH ICH
ICH ICH ICH
ICH ICH ICH
ICH ICH
ICH
ICH ICH ICH
ICH
ICH ICH ICH
ICH
ICH

ICH ICH ICH ICH ICH ICH ICH ICH ICH ICH ICH ICH ICH ICH ICH ICH ICH ICH ICH ICH ICH ICH ICH ICH ICH ICH ICH ICH ICH ICH ICH ICH ICH ICH ICH ICH **ICH** ICH ICH ICH ICH ICH ICH ICH ICH ICH ICH ICH ICH ICH ICH ICH ICH ICH ICH ICH ICH ICH ICH ICH ICH ICH ICH ICH ICH

ICH ICH ICH ICH ICH ICH ICH ICH ICH ICH ICH **ICH** ICH ICH ICH ICH ICH ICH ICH **ICH** ICH ICH ICH ICH ICH ICH ICH ICH ICH ICH ICH ICH ICH ICH ICH ICH ICH ICH ICH ICH ICH ICH ICH ICH ICH ICH ICH ICH ICH ICH ICH ICH ICH ICH ICH ICH ICH ICH ICH ICH ICH ICH ICH ICH ICH ICH ICH ICH ICH ICH ICH ICH ICH ICH ICH ICH ICH ICH **ICH** ICH ICH **ICH** ICH ICH ICH ICH ICH ICH ICH ICH

Verarmt im Geist. Das letzte Hemd ist schon lang
vergeben. Für ein Glück, das keines war.
Benutzt. Geschunden. Nie mehr Sonnenaufgang.
So viele Nächte. Keine sternenklar.

Das Weiß. Die Zimmerfarbe sticht im Auge.
Nur eine Menschenseele ist bekannt.
Die Eigne. Angst behindert. Jeden Glauben.
Die letzte Kerze ist fast ausgebrannt.

Ein Röcheln. Hasserfüllte Wortgeflechte.
Die ganze Welt sei schuld. Man selber nicht.
Sie dunkeln in den Raum. Die letzten Nächte.
So wenig. Der Arzt hat keine Zuversicht.

Palliativstation

See der Zähren

Umgeben ist sein Angesicht von Ried,
das schwarz bewuchert seinen Umbrasand.
Dort leise weint der Wind, sein Klagelied
pfeift traurig durch ein lang verstorbnes Land.

Einst gab es Bäume. Einst erblühte Leben.
Das war einmal. Nun herrscht die Wüstenei.
Nichts wird sich mehr aus Taglichts Grab erheben,
nur Tränen und verstummendes Geschrei.

Sein Ufer ruft durch aussichtslose Wolken
die sich im Sand verlaufenden Fußspuren,
die seiner Stimme in den Nebel folgen
Sie werden fortgespült von seinen Fluten.

Gefüllt von Abgesang, von Hass und Harm,
wird still und ewig dunkler Weiher währen.
Er ruft sie alle für den letzten Sturm
Hinab. Ins Nichts. Hinab. Zum See der Zähren.

Ein Loch. Zwei Meter tief. Ein Meter breit.
Ein Name auf dem Stein. Ganz taube Schritte.
Der Körper friert und in der Seele schneit
es stürmisch. Denn ich habe nicht. Ich hatte.

Der Arm voll Narben. Keine Stelle frei.
Ich kämpfe gegen mich. Und ich verliere.
Ich spüre bei der Kälte nichts, dabei
entspringt es warm dem Arm. Zu kalt. Ich friere.

Ein stummer Schrei erstickt in meinem Hals.
Der Blutfrost friert mich ein. Wie Klingen schneiden
die scharfen Spitzen eines Eiskristalls.
Nur einmal kurz und dann nie wieder leiden.

Ein Grab. Zwei Meter tief. Ein Meter breit.
Mein Name auf dem Stein. Gar keine Schritte.
Es friert im Körper. Ich bin jetzt bereit
und liege wartend in der Grabesmitte.

Blutfrost

Gesellschaftliche Koprophagie

Delirium. Nichts sehen oder wissen.
Automatismen greifen schon, da sind
sich alle einig. Reden. Flüstern. Schweigen.
Hirnatrophie grabscht Greisen wie das Kind.

Es dämmert. Nicht zum Tage, nur zur Nacht.
Beim Wühlen fällt's nicht auf. Gesenkter Blick
in trüben Dreck und Schlamm zum Zukunftslesen.
Es wird trüb bleiben. Schade. Lecker Schlick.

In Lethargie. Nichts suchen, nur noch finden,
bei koprophagen Kreaturen kriechen,
des einen Ende ist des andern Anfang.
Du bist am Arsch, die Nase kann's nicht riechen.

Es dämmert schon nicht mehr. Die Fliege fliegt
von Kopf zu Kopf mit großem Appetit.
Beim Wühlen fällt's nicht auf. Gesenkter Blick
und Exkrement an jedem Körperglied.

Krankheit

Ausgebrochen ist sie, die Krankheit, und sie
lässt die Menschen erste Symptome eines
Krieges, den sie niemals zu kämpfen sannen,
spüren und leiden.

In uns Menschen hat sie geschlummert. In uns
Menschen reifte ihre Gestalt. Und in uns
liegt das Gift und Gegengift. Heute ist der
Tag der Entscheidung.

Ausgebrochen ist sie, die Krankheit, und die
Herzen füllen sich mit den Blinden, Stummen,
Tauben. Eine Dämmerung küsst uns für den
dunkelsten Abschied.

Leere Augen blicken in leere Augen.
Hohle Ohren lauschen den starren Mündern.
Starre Münder sprechen zu hohlen Ohren.
Ihre Hinankunft!

Ausgebrochen ist sie, die Krankheit. Ihre
Zeit der Pandemie ist gekommen... wie auch
unsre Zeit gekommen ist... keine Uhren
geben uns Antwort...

Unsre Tränen fallen wie welke Blätter,
bis kein Laub an unseren Bäumen mehr ist...
Wälder oder Sträucher... für beide kommt der
eiskalte Winter.

Ausgebrochen ist sie, die Krankheit, und sie
teilt die Menschen. Unsre geschwärzte Sonne
dunkelt unsre Schatten und brennt die Ziegel
unserer Mauern.

Letzter Sonnenuntergang, Bringer unsrer
letzten Nacht und unseres Niederganges.
Schauet, dort ein Farbenspiel blassen Lichtes,
schon wird es dunkel...

Ausgebrochen ist er, der Hirnherbst, unsre
Krankheit. Unser Herzfäuler. Und sein Regen
tauft und salbt uns, wie auch den Parasiten
unserer Seele.

Denn wir sind die Selbstischen und Verlor'nen,
von der frühen Herbstnacht verdeckt... verdunkelt...
Denn wir sind die Herbstlichen, in des Hirnherbsts
Nebel verschwunden.

Verfrühte Kopfnacht. Kein Gestirn. Nur Kunstlicht
von Leuchtstofflampen Typus „Dauerdimmer".
Sie flackern. Sie erlöschen. Wie der Sommer.
Einander sieht man im herbstlichen Dunst nicht.

Ergraute Weltstirn. Süße Lügenreben.
Als Herbster kommt der Sturm. Man will's nicht glauben
mit von der Sonne ausgebrannten Augen.
Gelöstes Laub. Dahinter Regenleben.

Der Hirnherbst kommt und ändert die Neurone:
von Gelb zu Rot verrotten die Axone,
wie Baumes Blätter fallen die Dendriten.

Geschaufelt ist das Sommergrab der Kranken.
Verwesungswürmer wühlen in Gedanken.
Das Sterbende zerfressen Parasiten.

Hirnherbst

Blutgeschöpf im Spiegel

Ganz unbekannt erscheint mir dieser Raum.
Wo ich hier bin, vermag ich nicht zu sagen.
Bedrohlich wie des Nachtes schlimmer Traum,
erfüllt mich dieser Saal mit Unbehagen.
Nur eine schwache Lampe bietet Licht,
die kränkelnd um die letzten Strahlen flimmert.
Doch durch das Dunkel blick ich ein Gesicht,
das mir in Finsternis entgegenschimmert.

Durch meine kalten Adern schießt das Eis,
das Blut gewesen ist in seinen Bahnen.
In Eisestropfen perlt von mir Angstschweiß
doch kann ich das Gesicht als Schutze wähnen.
Und auf der Stelle kann ich länger nicht
mehr bleiben, denn mein Körper ist am Beben.
Um mich herum, die Finsternis, sie spricht
im Flüsterton, mein Suchen aufzugeben.

Das mir nun aller Hoffnung Abgesang
verkündet werden würde, schwört das Hauchen
der Tristheit, welches mich im Raum bislang
behinderte, ins Dunkel fortzutauchen.
Doch weiter fort im Raum, da seh ich ihn,
den schwachen Hoffnungsschimmer meiner Seele,
der funkelt wie das Feuer im Kamin.
Drum ist's der Weg nach vorne, den ich wähle.

Mit leisem Schritt verringre ich Distanz,
zum einzig Wahrnehmbaren hier im Zimmer.
Unheimlich wirkt die Schattenallianz,
die jeden meiner Schritte nur mit immer
geringerer Beleuchtung mir belohnt.
Im Dunkel kann ich fast nur Schwarzes sehen,
in diesem Reich, in dem der Schatten trohnt,
mit seinen düstren Finsternisarmeen.

Der Dämmerschein hält mich auf meiner Bahn,
sonst ist hier nichts, worauf ich mich verlasse.
Kein Drehen, Atmen, Blicken... Nur der Plan,
dass ich niemals als Düsternisinsasse
verkomme, hier in diesem Rattenloch,
das mir zum Kopf die dunkle Mauer ziegelt.
Und jetzt erkenne ich den Schein, jedoch
erschrecke ich bei dem, was sich dort spiegelt.

Es glitzert gleich dem Sternenfirmament,
was meine Augen an der Wand beschauen
und mein Gedächtnis, mein Verstand erkennt,
was meines Herzens Schlag erfasst mit Grauen.
Ein Spiegel steht an dieser Zimmerwand,
mit einem opulenten, dunklen Rahmen.
Und was sich widerspiegelt, mag Verstand
im schrecklichsten der Träume nicht erahnen.

Vor mir steht eine schummrige Gestalt
und ihre Haut ist dunkelrotes Glänzen.
Die wilde Welle Grauen überwallt
mich. Meine Angst ist nicht mehr einzugrenzen.
Denn des Geschöpfes roter Schimmerschein
ist eine tote Haut des frischen Blutes!
Der Anblick dieser Blutgestalt allein
ist die Vernichtung meines Lebensmutes.

Jetzt hebt das Monster langsam das Gesicht
und dieses kann ich schwächlich bloß erkennen,
denn immer schlechter wird der Augen Sicht
im Raum, von dem sich alle Lichter trennen.
Und jetzt wird mir gewahr, was mich beschlich,
war keine Falschannahme, sondern Schrecken
in irrealer Form. Der Mann bin ich,
den dort im Spiegel Blutmengen bedecken.

Verwesend giftet mich das Wesen mit
den Leicheaugen an. Es hebt den Finger
und zeigt auf mich, kommt einen großen Schritt
heran zu mir als toter Unheilsbringer.
Doch keines meiner tauben Glieder regt
sich bei dem seelenlosen Blick Toten.
Die allerdunkelste Präsenz bewegt
die blutverschmierte Hand des Unglücksboten.

Den Finger und den Blick auf mich fixiert,
beginnt der Wiedergänger nun zu sprechen.
„Nach deinem Willen, deiner Seele giert
es mich. Dein Herz will ich in Stücke brechen!
An allen Tagen, die du auf der Welt
verbracht hast, warst du immerzu verkleidet.
An diesem düst'ren Schicksalsort verfällt
dein Leben, welches langsam von dir scheidet.

Dein wahres, echtes Antlitz, das bin ich!
Verschlossen hast du mich in diesem Kerker.
Zum Schutze deines Lebens hast du mich
hier eingesperrt. Doch immerwährend stärker
ward meine Kraft. Bis zum heutigen Tag.
Ich bin dein wahres Selbst, drum wirst du sterben
in diesem Loch. Der Finsternis entsag
ich jetzt und du wirst meine Schatten erben."

Das Blutgeschöpf berührt mich mit der Hand
und meine leeren Lungen kollabieren
bei dem, was ich erblick. Das Blutgewand
fällt ab von ihm, die Tropfen arrangieren
sich neu zu einer Pfütze auf dem Grund.
Den Angstzulauf kann ich nicht mehr verschließen,
denn ohne Umweg setzt der Blutverbund
jetzt an, in meine Richtung fortzufließen.

Das wahre Antlitz dieser Blutgestalt
enthüllt sich mir in allen Grausamkeiten,
da sich sein Blut nun auf dem Boden ballt.
Bis zu den allerkleinsten Einzelheiten,
ist mir das Monstrum fehlerfehlend gleich.
Ich bin das Spiegelbild. Das Ungeheuer
im Blutgewand mit seinem dunklen Reich
bin ich. Und dies hier ist mein Fegefeuer...

Mit Mark und Bein zertrümmerndem Gelächt',
entstreckt mein Ebenbild die neuen Arme.
„Zu lang bist du mit mir schon im Gefecht,
jetzt hoffe nicht, dass ich mich dir erbarme!
Gefangener in dieser Unterwelt
bist du von jetzt in alle Ewigkeiten!"
An diesen toten Botschaften zerschellt
die Hoffnung bis ans Ende aller Zeiten.

Mit einem Wink des Schattenarmes füllt
mein Ebenbild das Spiegelbild mit Strahlen
des hellsten Tageslichtes. Doch umhüllt
das Dunkel mich noch immer mit letalem
Entzug. Denn nur im Spiegel scheint das Licht.
Und alle Schatten, die dem Spiegel weichen
versammeln sich vor meinem Angesicht,
um noch mehr dunkles Grauen mir zu reichen.

In diesem Raum herrscht nur noch schwarze Nacht
und alle Hoffnung ist dem Schwarz gewichen.
Das Blutgeschöpf hat mich hierher gebracht
und meine Schuld mit Finsternis beglichen.
Und ohne noch ein Wort zu sagen, dreht
mein Widersacher sich herum und schreitet
in Richtung einer grellen Tür und geht
hindurch mit beiden Armen ausgebreitet.

Erbarmungslos ist diese Tür, sie schließt
und es versiegt jedwede Lichterquelle.
Ein Sturzbach purer Dunkelheit ergießt
sich über mir in dieser Geisterzelle.
Abscheulich kriechend höre ich das Blut
am Boden sich bewegen. Und nicht einer
der Tropfen ruht am Grunde. Diese Flut
schwämmt auf mich zu und halten kann sie keiner.

Das tote Nass ertränkt schon meinen Fuß.
Die Haut erstickend, findet es auf Wegen
hinauf an mir und steigt dabei abstrus
erklimmend, ohne dass ich mich bewegen
kann, immer höher. Unterm Fesseldruck
zerbersten meine Knochen. Beine, Korpus,
hoch, höher, übern Hals und jetzt verschluck
ich es. Das tote Elend in dem Blutfluss.

Die Nervenstränge spannen, sind umschnürt
vom Pech. Im Kopf beginnt die Übernahme.
Ein destruktiver Krieg wird durchgeführt
in meinem Hirn. Des Körpers unwirksame
Verteidigung ist vollkommen zerstört.
Vollständig ist der Körper jetzt umschlungen.
In mir ist nichts, das nicht dem Schwarz gehört,
denn alles in mir ist vom Schwarz durchdrungen.

Den Kopf zersetzt die düstere Vision
des Todes. Meinem Unheil. Meinem Ende.
Und kein Gedanke. Keine Emotion.
Doch meinen Arm, den. . . wider Widerstände.
Entstrecke ihn zum Spiegel. Er zerbricht!
Kein Ausgang. Überall nur Dunkelheit.
Das Dunkel in den Augen. Nie mehr Licht. . .
Von jetzt. . . bis dann. . . in alle Ewigkeit.

Abbruch. . .

Behandlung
Teil 2

Nulllinie
in mir ist nichts
mehr
richtig
lebendig

alles in Slow eMotion
fast zersetzt
ausschließlich gehetzt
nur mein Herz rast
in Kammerflimmern
ich bin nur scheintot
komme nicht heraus
aus meiner Leichenstarre

leg deine Hand auf und fühle
vielleicht lebe ich
noch
(nicht)
ich will genesen
nicht verwesen
reanimiere mich

leg deine Hand auf und
ich fühle
einen
Impuls
im Puls

leg deine Hand auf und
ich werde
wieder
belebt

ein Aktionspotential
ein monotoner Ruhezustand
wird verwandelt in
eine Kettenreaktion
keine Hemmung
nur noch über diese Schwelle
und dann wird es
in der Summe
wieder positiv
ein kleiner Funken und
es funkt
zwischen uns
ein neurales Feuerwerk
eine Aktion mit Potential

-65 mV

Mentalitäts-
wechsel

gib mir Hammer und Meißel
mein Stein wird neu geschlagen
nach neuer Skizze aber
mit altem Material
bitte halte mich
irgendjemand ich liege
viel zu lange schon
in tausend Trümmerteilen
gib mir einen neuen Stein
damit ich wieder zu Trümmern
zerfallen kann
bis der Schutthaufen mich
endgültig begräbt
und ich den Stein vergessen
kann also
bitte halte mich
jetzt nicht auf
denn ich bin nicht mehr aus Stein
und die Skizze passt nicht mehr
und der Schutthaufen ist abgetragen
und ich stehe auf
und ich versuche es
und ich versuche es
nochmal

In Kreisen drehen sich die Schuldzusprüche,
eindeutig kennt ein jeder den Schuldträger.
Gemeinsam sieht man nur das Brüderliche
und jeder wird der angeklagte Kläger.

Der Meute Wut schallt: „Keine Toleranz
für die Intoleranz!", durch jede Straße,
kein Dialog, nur größere Distanz
sucht jede homogene, blinde Masse.

Im Kreise dreht sich die Gewaltspirale,
auf Hass folgt Hass. Nicht einer will sie halten.
Verschlungen wird das Herz und wird die Seele
vom Hass der kaum noch menschlichen Gestalten.

Der Kampf der Wenigen und der Zahlreichen,
der Kampf der Vielen gegen die Geringen.
Ein Kreis. Und niemand sieht, dass sie sich gleichen,
dass sie den Kreis nicht durch Gewalt bezwingen.

In Kreisen
- Im Kreis

Wahrnehmung - Falschnehmung

Das Wahre ist das Wahre ist das Wahre.
Die Fakten sind die Fakten sind die Fakten.
Die eigne Sicht wird das Unanfechtbare,
wenn Meinungen sich in Wahrheit verstecken.

Das Wahrgenommene, als wahr genommen,
ist selektive Konsistenz. Ist Kredo.
Ist Überzeugung. Ist Verhaltensrahmen.
Ist Antwort. Ist Kausalität. Ist Ego.

Das Wahre. . . ist das Wahre. . . ist das wahr?
Die Fakten. . . sind Begierden. . . sind Motive. . .
Des Egokredos Wahrheit ist bizarr:
aus Dissonantem wird das Normative.

Die Wahrheit ist der Schwachen Sicherheit,
gelogenes Refugium vor Lügen,
Versteck in der eindeutigen Vieldeutigkeit,
wo sich Wahlfakten ineinanderfügen.

Unanfechtbar und wahr war es. Das Wahre.
Als objektiv getrennt wie hell und dunkel.
Letztendlich lösen wir uns aus der Starre.
Das Wahre ist das Falsche. Ist Blickwinkel.

Erwache in Unendlichkeiten.
Im Herz die Freiheit, frei zu sein.
Und Nachtes Schwarz an allen Orten,
wo nicht der Mond- und Sternenschein.

So nimm der Sterne schimmernd Staube
und atme tief im grellen Licht.
Verstecke dich vor alten Geistern
in einer neuen Wunderschicht.

Und tauche tief in Nachtes Bächen,
verliere dich am Meeresgrund.
Und hoffe, dass sie dich nicht finden.
Im Sternenschein. Im Wasserschlund.

Der Bauch zum Rand mit Nachtes Bächen,
die Lunge voll mit Sternenstaub.
Als Ort der eignen Überwindung
ist dieses Traumesreich erbaut.

Des Nachts

in den Müll geworfen
ist nicht mehr gut ist schlecht
ist nicht mehr zu gebrauchen
auf die Dopamindeponien

in den Müll geworfen
bin ich wieder
zusammengebaut aus Fehlern
ein Sollbruchstellenmensch
leben als geplante Obsoleszenz

ab in den Recyclingkreislauf
nochmal werden
wertlos sein

Wegwerf-gesellschaft

bin ich wieder
zusammengebaut
aus gleichen anderen Fehlern
in der Aufbereitung des begrenzten Nutzens
gebraucht unverbraucht
neuerdings neu
bald alt
nochmal geworden um nochmal zu werden
nochmal in den Müll geworfen

ich recycle kein Leben mehr
meine Gedanken enden nicht
im Müll
nicht mehr werden
wertvoll sein

Seelenhospital

Schnittwunden. Narbenreiches Handgelenk.
Verschwommen. Noch kann ich nicht richtig sehen.
Im Krankenbett. Die ganze Zeit verschenkt.
Erst liegen, danach sitzen. Danach stehen.

Im Auge sticht es. Licht, das mich durchdringt.
So ungewohnt. Im Kopf noch stumpfes Dröhnen.
Das Leben war betäubt. Doch langsam klingt
es ab. Ich muss mich daran erst gewöhnen.

Doch es wird besser. Endlich. Ein Gefühl.
Im Körper. Tausend Feuer. Sie entfachen.
Der Arzt sagt: „Gute Besserung". Zur Tür.
Ganz langsam. Schritt für Schritt. Um zu Erwachen.

Farblos schweifen viele leere Blicke
durch die Nebeltage meiner Welt.
Seit man mich in dieses Trübsal schickte
fühle ich, wie mein Gefühl zerfällt.

Nur das Schwarz wird noch gesichtet,
Blut fließt keines mehr durch meinen Tag.
Stein um Stein wird sauber aufgeschichtet
für die Mauer um den Herzensschlag.

Gleich in welche Richtung ich mich drehe,
nichts was diese Dunkelheit durchbricht.
Dort doch dort in weiter Ferne sehe
ich ein Licht am Ende meiner Sicht.

Es ist deine Hand, die nach mir greifen
will, ihr Schimmer wie ein Nadelstich.
Und mit deinem sanften Händestreifen
fluten Wellen puren Lichtes mich.

Deine hellen Strahlenquellen machen
dicke Mauern dünn wie Pergament.
Hunderttausend Feuer woll'n entfachen,
als dein Handstreich Wände niederbrennt.

Die Berührungen sind Sandpapier,
tragen Schicht um Schicht von meinen Knochen.
Finger dringen sanft zum Brustquartier.
Um mein Herz zu heilen, was zerbrochen.

Herzerweckung

Es trennten sich im Hain zwei Wege

Zur einen Zeit... versunken in Gedanken,
betrat ich einen dichten Hain. Es war
kein Tag, noch war es Nacht, so sonderbar
empfingen mich Gestrüpp und Dornenschranken.

„Du Zweifler", rief der Flüsterton aus Winden,
doch hielten mich des Waldes Klauen nicht.
Ich ging. Denn andere vertrauen nicht
sich selbst und jenem Weg, den sie noch finden.

Es trennten sich alsdann vor mir zwei Wege:
Der dunkle führte in die Wälder tief.
Der andre, ganz zum Gegenstück, verlief
ins Licht, als ob am Ende Freiheit läge.

Der Lichte ward schon tausendmal beschritten,
so eingeprägt war jede Bodenspur.
Hingegen war der Abseitige pur,
nur wenige betraten Haines Mitten.

Schon hörte ich den Wind im Rücken flüstern:
„Und in dir, hinter Sonnens Horizont,
wo die Melancholie und Angst beginnt,
dort bist du ich als ewigliches Gestern!"

Wie oft war ich schon vor des Windes Stimmen,
vor mir und meinem Selbst davongehetzt.
Ich gegen mich. Es musste enden. Jetzt!
Kein gestern mehr! Ich würde neu beginnen!

Ich ging in mich hinein, um mich zu fragen:
Geh ich den Weg der Vielen, er ist leicht. . .
Geh ich den Einsamen, der schwierig deucht
und sollte ich das Unbeschrittne wagen?

Ich nahm den Pfad zum stillen Herz des Waldes,
vorbei am Schmerzgeäst, das uns nur hält,
hinein, wo uns das eigne Licht erhellt,
wo wir es finden. Nichts, und dennoch alles.

Gefunden hatte ich den Weg im Leben,
denn alles, was ich brauchte, war ich schon,
denn jedes Ende ist ein Neubeginn.
Ich spürte, dass wir leiden. Dass wir lieben.

Dass jeden Tag aus zwei wir wählen müssen,
damit ein jeder Schicksalsfäden flicht.
Es gilt zu suchen, was dem Herz entspricht
und jenes zu umarmen und zu küssen.

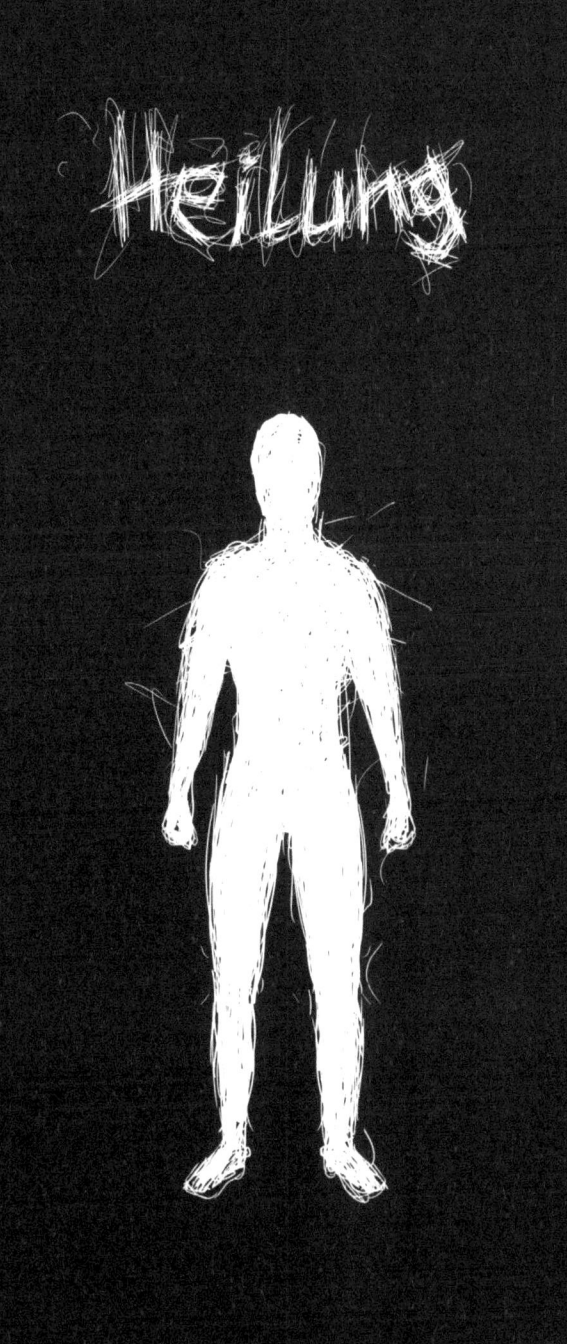

Zahnräder

der Uhrenturm leutet
nicht mehr
Ohren auf
hinhören
Augen auf
hinsehen
einer fehlt noch
er war kaputt
wurde wieder
heil gemacht
wurde auf-
und wird jetzt eingebaut
siehst du ihn?
hörst du ihn?
kleine Räder greifen
beieinander
miteinander
ineinander
Hand in Hand
in Richtung Zukunft
mit 60 Schlägen
leben
leutet der Uhrenturm

Wintertag

An den letzten Wintertagen,
sitze ich für mich allein.
Viel zu lange wollt ich's wagen,
an den letzten Wintertagen,
dich um deine Hand zu fragen.
Könntest du hier bei mir sein,
an den letzten Wintertagen,
säße ich nie mehr allein.

Unmöglich wird es dir erscheinen,
„Wozu versuchen und nicht schaffen?
Mein Mut wird mich dabei verlassen",
wirst du aus Angst und Zweifel meinen.
„Ich bin dafür wohl nie bereit,
zu klein ist die Wahrscheinlichkeit."

Von Zahlen lässt du dich bestimmen,
lebst hörig zwischen eins und hundert.
Doch kann, wenn sich dein Blickpunkt ändert,
dir selbst Unmögliches gelingen.
Willst du die Zahl nicht selber schreiben,
wird alles wie beim Alten bleiben.

Nur du kannst diesen Vorwand brechen.
Prozente, frei von was man tut,
sind relativ, nicht absolut.
Du musst nur glauben und versuchen.
Es braucht nur deinen kühnen Stift,
damit die Eins die Nullen trifft.

Prob-Ability

Eyetracker

schwelle. eintritt. gedrängemenschen. graue wände.
voller reklame. exklusive nichtgedrängemenschen. fremde.
sitzplatz. leer. nur abfall. decke. boden. boden. leer.
lidschlag.

aus dem fenster. bewegungen. verzerrtes vorbeiziehendes.
vorbeiziehendes verzerrtes. verschwimmende gesichter.
kaputte straßenlaterne. sie flackert. aus. weg ist sie.
weg ist sie.
weites feld. einsamkeit.
neue stadt. flackernde neo-einsamkeit. halt.
lidschlag.

in die tür. bewegungen. deine bewegungen.
schnell aus dem fenster. anderes in gleicher verzerrung.
sonnenuntergang oder sonnenaufgang. flackern.
lidschlag.

deine beine. boden. decke. dein gedrängter sitznachbar.
deine arme. deine leeren hände. deine offenen hände.
boden.
dein oberkörper. boden. boden. erdbeben. decke. dein sitz.
deine nähe. boden. warum boden. warum sonnenuntergang.
flackern. flackern. . . kein. . . flackern. . . mehr. . . sonnenaufgang.
dein gesicht. deine wangen. deine nase. deine augen.
dein flackerloser lidschlag. dein zeitstoppblick. deine wiris.
lidschlag.

halt. ausstieg hier. dranggang. gedrängte müssenmenschen.
nur über die schwelle. nur diesmal.
keine verzerrung. kein fenster. kein boden. kein halt.
kein lidschlag.

nur deine Augen. dein blick. dich. dich. dich. Dich.

Umarmung

Ein lange aufgebautes Mauerwerk
wird Tag um Tag durch Kälte zementiert,
als Schutz vor der erbarmungslosen Welt,
bis selbst das warme Innerste gefriert.

Durch Zwang und Schmerzen stieg der Mauer Höhe,
durch Zwang und Schmerzen wird sie niemand stürzen.
Allein ein Weg im Labyrinth der Mauern
führt zum beschützten Ort: dem Herzen.

Es wird ein jeder Schritt zur Weihestätte
gegangen mit Geduld und viel Vertrauen,
an dieser Stätte hilft nur Liebe, aufzutauen.
Schon bald enteist das Herz der Silhouette.

Schritt für Schritt

A N G S T
A N G S T
A N G S T
ANGST
ANGSt
ANGst
ANgst
Angst
angst
angse
angbe
anibe
aiebe
liebe
aiebe
anebe
angbe
angbe
anebe
aiebe
liebe
liebE
lieBE
liEBE
lIEBE
LIEBE
L I E B E
L I E B E
L I E B E

In der Unendlichkeit verschwimme ich.
Schau genau hin. Mein Körper löst sich auf.
Noch ein paar Schritte weiter fort.
Dann ist nichts mehr von mir übrig.
Erst groß. Dann klein. Dann weg.
Siehst Du mich noch? Ich bin noch da!
Alles von mir existiert.
Hass. Liebe. Hoffen. Zweifeln. Trübsal.
Freude.
Alles wird am Ende eins.
Nur noch ein paar Schritte weiter fort.
Siehst Du es am Horizont?
Dort stehe ich nicht alleine.
Schau genau hin. Siehst Du sie?
Sie können Dich kaum sehen.
Du löst Dich auf...
Noch ein paar Schritte weiter fort.
Über den Rand des Horizonts.
Dann bist Du fort.
Für uns nicht mehr zu sehen.
Doch siehst Du es? Schau genau hin!
Spürst Du sie?
Meine Hand.
Sie zieht an Dir.

Horizonte

Unschuld

Ich lasse
den ersten Stein
am Boden liegen

und gehe fort...

Aus Verletzung willst du jemanden verletzen,
der verletzt wird und verletzt. Es schließt das Runde
sich und seine Bande kreisen um den allerletzten.
Jeder schlägt und trägt von andren eine Wunde.

Welche Wogen wiegst du in dir, welche Schwächen?
Hilft verletzen, Lasten leichter zu ertragen?
Willst du Schmerzen rächen oder Kreise brechen?
Was willst du vor dir und deinem Herz verbergen?

Freund, so bist du mit der Welt und dir zufrieden,
bist du ganz du selbst, was regt dich zu verletzen?
Große nehmen jeden Mensch, wie er beschieden,
und sie können sich dem Kreislauf widersetzen.

Homo Utopia

Menschsein -
ein Mensch zu sein

Die oberste und erste aller Pflichten
des Menschen ist es, selber Mensch zu sein.
Als Mensch zu teilen und als Mensch zu richten.
Denn ich bin Du. Schau tief in mich hinein.

Im Spiegel aller Augen siehst du Menschen.
Drum blicke tief. Welch' schöne Ähnlichkeit!
Befreiung. Niemand wird je mehr vermessen.
Denn Du bist ich. Und jetzt bist Du bereit.

Kein Wert. Kein Maß. Kein besser und kein schlechter!
Und kein Vergleich, der unsre Herzen schwächt.
Ergreife meine Hand und werde stärker.
Denn wir sind wir und dies ist unser Recht.

Die tiefsten Seelenblicke. Wir entflammen.
Gemeinsam brennen. Bis ein weiterer entfacht.
Denn Du bist Du und ich bin ich. Zusammen.
Denn das ist das, was uns zu Menschen macht.

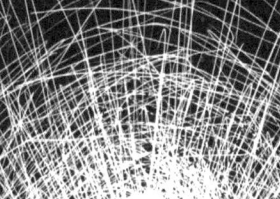

Himmelwärts

Enttäuschung schärft den Willen. Messerscharf.
Ich weiß jetzt, dass ich mehr bin, als die Summe
von Fehlern. Mehr als Krankheit. Die als stumme
Gefährtin mir den falschen Weg entwarf.
Vom Boden blicke ich zur Wolkenwand.
Zum Himmel. Ich entsende meine Hand.

Ich kann ihn fast berühren. Viel fehlt nicht.
Durchtrennte Fesseln. Niemand hält mich mehr auf.
Ich glaube fest dran. Jetzt fehlt nur der Anlauf.
Und nicht nach unten schauen. Nur ins Licht!
Es ist vorbei. Fort. Weg von hier. Kein Schmerz.
Erst laufen. Sprinten. Springen. Himmelwärts.

raus
aus dem alten
ich

neu
beginn

ich werde eins
mit mir
was ich war
was ich bin
was ich sein werde

ich   Samsara
war
bin
werde
neu
geboren

ich kann es
ändern

endlich

wieder
sein

Vita Nova

Der Durchbruch! Sonnenklar erscheint die Welt
vor mir. Nicht eine trübe Wolkenschicht.
Das Leben lebt vor meinem Angesicht.
Ein blaues Herz, das mir mein Herz erhellt.
Und jetzt, wo alles einen Sinn ergibt,
bin ich vollkommen — in die Welt verliebt.

Sie alle unter einem Himmel. Eins.
Das Lachen meiner Seele übertönt
den Rest. Komm her. Der Anblick lohnt.
So nah. Dein Blick. Dein Herz. Wir sind vereint.
Das ist mein Leben. *Eins* — das Du mir gibst.
Ich weiß, Du hast dich auch in mich verliebt.

Heute wird der Tag. Der Neubeginn.
Und nur einen braucht die Zündschnur.
Dich.
Zum ersten Mal Potenzial und Wahl.
Es ist nicht mehr imaginär. Es ist real.
Nicht rennen. Endlich brennen.
Jetzt ist irgendwann.
Alle sind bereit. Es ist so weit.
Wir sind
kognitiv tief, tatsächlich progressiv,
aktiv induktiv, kollektiv intensiv,
endlich reaktiv, affektiv explosiv.
Schon zündest du. Schon brennen wir. Feuerwerk.
KABOOM
Farbenfroher Funkenflug in beiden
Hemisphären der Neonkortizes.
Nur du und ich und wir in allen Spektren.
Heute ist der Tag. Irgendwann ist jetzt.
Ein Horizont getönter Blicke.
Ein Epizentrum. Farbenpulse.
Ein Neubeginn.
Ein Funken.
Ein Feuer. **Feuerwerk**
Unser Werk.

Durch dunkle Nächte scheint uns Licht,
das Wolken bricht und zu uns spricht,
wenn wir uns nicht von ihm entfernen.
Wir lernen, ändern unsre Sicht:
Zusammen gleichen wir den Sternen.

Was ist ein Licht im All allein
im Angesicht der Sterne Schein?
Vereint erhellen sie den Himmel.
Und mag die Nacht auch dunkel sein,
sie begleiten uns als Hoffnungsschimmer.

Wir alle sind wie dieses Licht,
das wolkenreiche Nächte bricht
und zu uns spricht, wenn wir uns fürchten.
Der Augen Blick. Ein Sternenblick.
Auf uns, die wir als Sterne leuchten.

Sternenblick

Den Tag genutzt

Wir sind alles, was wir gebraucht haben.
Die Lösung war hier, die ganze Zeit.
Nur ein kleiner Blick aus der eigenen Deckung,
aus der eigenen Mauer heraus.
Das hatte es gebraucht.
Der Schaden konnte niemals so groß sein wie das,
was auf der anderen Seite gewartet hat.
Gewartet hat, gefunden zu werden.
Und auf das Finden
warten dort noch immer viele.
Mit einer Hand zum Nehmen
und einer Hand zum Geben.
Zum Holen und zum Abgeholtwerden.
Mit zwei Kammern im Herzen.
Die eine für sich, die andere für uns.
Denn wir sind bereits alles, was wir brauchen.

aus meiner Haut entwachsen
Schmetterlinge und
mit jedem sanften
Flügelschlag verwirbeln sie
das Laub auf den
Wegen die vor mir liegen
und aus jeder Träne ist ein
Baum gewachsen der mir
Luft zum Atmen
spendet und aus
meinem Herzen scheint
eine Sonne die auch nachts
die Augen mit Farbe
füllt und den Schmetterlingen
den richtigen Weg
erhellt und den Bäumen
das Leben gibt
deren Laub verwirbelt wird
vom Flügelschlag der
Schmetterlinge in meinem Bauch
damit ich den richtigen Weg finde
durch die Augen
voller Farbe

Entlassung

frei zu sein

Keine Wege, die du strebst,
sind in Stein gemeißelt,
dass du zagst und sie begräbst,
von Bedacht gegeißelt.

Sie sind frei wie du es bist,
komm nun, gehe einen!
Du wirst staunen, was er misst
und wirst dich vereinen

mit Vielleicht, mit Ja und Nein.
Hoch die Körperglieder!
Auf dem Pfad des neuen Seins
gehst du immer wieder.

Grund und Wirkung, beides hält
dich mit einem „Wenn, dann..."
Doch es gilt für unsre Welt:
Alles kann sich ändern.

Der Wind frischt auf im Wald. Am Weg. Im Herzen.
Ein Rascheln ist Verheißung. Deine Stimme.
Einhunderttausend Farben lächeln, scherzen.
Allseits. Ein Farbenmeer, in dem ich schwimme.

Ein erster Regenbogen. Wo er endet
ist Gold. Ich weiß auch wo. Du ebenso.
Und Grün in deinen Augen. Vollendet
vom Spektrum. Alle Welt wird farbenfroh.

Der Morgendunst versteckt die Farbenflächen
nur kurz. Ich sehe eine Silhouette.
Im Wind dazu Gesäusel. Ein Versprechen
in allen Tönen deiner Farbpalette.

Die Farben! Das Lachen will kein Ende finden.
Und überall nur sattes Grün an mir.
Ein neuer Frühlingseid! Mit frischen Winden
entwehe ich. Von hier. Nach dort.
                                       Zu Dir.

Frühlingsherz

Aufwind

das Nest ist zu klein und
mein Herz flügge geworden
es wagt den Sprung

breitet

die

                                                                                       fliegt

Schwingen

                            und

          aus

davon

Die Autoren

Das Zwillingspaar Patrick und Kevin Hattenberg ist 1992 in Kiel geboren. Aktuell studieren die beiden dort Psychologie. Dichtung nimmt in ihrem Leben erst seit wenigen Jahren eine immer präsentere Rolle ein. Der Abdruck ihrer Gedichte im ersten Band der SternenBlick-Anthologie war ihre erste größere Veröffentlichung.

An dem Buch „Hirnherbst" arbeiteten beide gemeinsam seit Mitte 2014. Von beiden sind jeweils 30 Texte in das Gesamtkonzept eingeflossen, die in langen Arbeitsphasen mit vielen Diskussionen ausgewählt und angepasst wurden.

Der Mensch und das Menschsein in der Gesellschaft sind die zentralen Themen ihres Studiums und vor allem in ihrem kreativen Werk.

Der Illustrator

Alexander Maul ist 1988 in Neumünster geboren und studiert derzeit in Flensburg Kunst und Englisch auf Lehramt. Mit dem Zeichnen beschäftigt er sich intensiv seit 2009. Als langjähriger Freund der Hattenberg-Brüder, der ihren Stil kennt und schätzt, war es ihm eine Freude seine Anfänge als Illustrator mit ihrem Werk zu starten.
Vorrangig zeichnet er mit Bleistift, Tusche und Zeichenfeder und ist für seine feinen Linien bekannt. Für „Hirnherbst" musste er sich ermutigen, gröbere Linien zu erstellen, um dem Gesamteindruck des Werkes treu zu bleiben.
Entstanden sind sehr individuelle Kunstwerke, die das Buch in jeder Hinsicht bereichern.

Das Projekt

SternenBlick ist ein Projekt, das Mitte 2013 von Poesiebegeisterten initiiert wurde. Ziel ist es zeitgenössische Poesie zu fördern, unter anderem durch sorgfältig erstellte Bücher – sowohl inhaltlich, als auch optisch. Daneben ist der Ansatz der Gemeinnützigkeit eine zentrale Position von SternenBlick. Sämtliche Erlöse, auch von diesem Band, fließen daher einer Organisation zu, die die Spenden ihrerseits an bedürftige Kinder verteilt.

Alle Veröffentlichungen, aktuelle Ausschreibungen und der Spendenstatus sind der Homepage zu entnehmen:

www.sternenblick.org
Näher am poetischen Herzen

Danksagung

Von Kevin geht ein besonderer Dank an:
Linda, Noreen, Maria und Pia.
Danke an die Gefühlswarmen, denn ihr seid meine Kraft. Und danke an die Gefühlskalten, denn ihr seid mir Inspiration, etwas in dieser Welt zu ändern.

Von Patrick geht ein besonderer Dank an:
Catharina, Sarah, Claudi, Michel und Henrike.
Danke an Jeden, der jemals gut zu mir gewesen ist. Und auch Jeden, der schlecht zu mir war.

Wir bedanken uns für die Inspiration, Unterstützung und Hilfe bei: Stephanie Mattner und dem wundervollen Projekt „SternenBlick", unseren liebevollen Eltern Anja und Peter, Alexander Maul, Tom Ehrhart, Invariant Insanity, Martin, Konstantin, Tim, Melli, Flo, Lin, Carli, „Mr." Dietmar Hoechst, Angelika Bantle, Rainer Mausfeld, Haste The Day, den Offenen, den mutigen Künstlern mit Aussagen, den Herzlichen und jeden Menschen auf der Welt.

Wir bedanken uns. Bei Dir.

Inhaltsverzeichnis

Vorwort 7

Anamnese

Einweisung 10
Stillstand 11
-273 12
Sommer(w)ende 13
Zeit. Irgendwann. Du 14
Schöne moderne Welt 15
Milchglasspiegel 16
[Auto]fokus 17
Rauschen 18
Zerfall 19

Diagnose

Day-Break 25
Irrgarten 26
In Kindertagen 27
Atemnot 28
Insert [ ] To Continue 29
Sinnennetz 30
Schablone 32
Homunkulus 33
Strichcode 34
Seelenhospiz 35

Behandlung. Teil 1

Anstaltspark	41
Metastasen	42
Palliativstation	46
See der Zähren	47
Blutfrost	50
Gesellschaftliche Koprophagie	51
Krankheit	52
Hirnherbst	54
Blutgeschöpf im Spiegel	55
Abbruch...	63

Behandlung. Teil 2

Nulllinie	67
-65 mV	68
Mentalitätswechsel	69
In Kreisen - Im Kreis	70
Wahrnehmung - Falschnehmung	71
Des Nachts	72
Wegwerfgesellschaft	74
Seelenhospital	75
Herzerweckung	76
Es trennten sich im Hain zwei Wege	77

Heilung

Zahnräder	83
Wintertag	84
Prob-Ability	85
Eyetracker	86
Umarmung	88
Schritt für Schritt	90
Horizonte	91
Unschuld	92
Homo Utopia	94
Menschsein - ein Mensch zu sein	95

Katamnese

Himmelwärts	99
Samsara	100
Vita Nova	101
Feuerwerk	102
Sternenblick	103
Den Tag genutzt	104
Entlassung	105
frei zu sein	106
Frühlingsherz	107
Aufwind	108

Die Autoren	111
Der Illustrator	113
Das Projekt	115
Danksagung	117